Marion Kiesewetter

Die besten Krabbengerichte

Rezepte aus dem Norden

Fotografiert von Günter Pump

Verlag Boyens & Co.

Krabben frisch vom Kutter

Eine köstliche kulinarische Attraktion von der Küste sind die Krabben. Ganze Küstenflotten, in idyllischen Fischereihäfen gelegen, sind auf diese Garnelenart spezialisiert. Schon früh morgens vor Tagesanbruch beginnt die Arbeit der Krabbenfischer in ihren Fanggebieten, wo sie ihre besonders feinmaschigen Netze ausfahren. Das Krabbennetz hängt weit geöffnet am Fanggeschirr und wird über den Meeresboden geschleppt. Bei gutem Fang sind die Netze prall gefüllt, oft genug enthalten sie aber doch nur ein schmales Fangergebnis. Die Krabben werden noch auf offener See sortiert, also durch ein großes Rüttelsieb geschüttelt; die größeren Tiere, die vermarktet werden sollen, werden aus Gründen der Haltbarkeit anschließend in einem Kessel mit Meerwasser gekocht. Die bis dahin grauen Krabben nehmen jetzt ihre rosa Färbung an. Das Kochen dauert bis zu einer möglichst intensiven Rotfärbung an. Danach wird der Fang aus dem Siedetopf genommen und zum Abkühlen in große Siebe gegeben. Erreicht der Krabbenkutter den Hafen, sind die kleinen schmackhaften Meerestierchen fein säuberlich in handliche Kisten verstaut, die bequem an Land gebracht werden können.

Aber nicht jeder Tag ist auch ein Fangtag. Diese Weisheit der Fischer gilt auch für den Krabbenfang. An stürmischen Tagen und bisweilen über ganze Perioden lohnt die Ausfahrt der Krabbenkutter überhaupt nicht. Natürlich sind auch die Kutterflotten an der Nordseeküste Deutschlands, Dänemarks und der Niederlande heute technisch hoch gerüstet, so daß mit weniger Leuten ein größeres Fangergebnis erreicht werden kann. Und auch das anfallende Nebengut wie Butt, Seezungen und Makrelen wird für die Vermarktung sortiert und vorbereitet. Ursprünglich wurde der Krabbenfang von den Inseln und Halligen aus in den Prielen des Watts betrieben, natürlich reichte die Menge nur für den eigenen Hausgebrauch. Wie gefährlich der Krabbenfang auf hoher See dann aber doch bis auf den heutigen Tag geblieben ist, zeigen Pressemeldungen, die von gesunkenen oder gekenterten Kuttern berichten. Jüngst wurde von Fachleuten der Verdacht geäußert, daß es kleinere Wale sein könnten, die sich in den Fangnetzen verheddern und einen Kutter dann zum Kentern bringen. Wer also die kleinen Schalentierchen in die Hand nimmt, um sie zu pulen, oder bereits als gepulte Mahlzeit auf Krabbenbrot oder im Cocktail serviert bekommt, der sollte daran denken: Krabbenfischer waren es, die mit großem Einsatz diese „Meeresfrüchte“ an Land brachten.

Die Nordseekrabbe ist beim Fang unscheinbar grau. Sie wird noch auf dem Kutter in Seewasser gekocht und erhält dabei ihr frisches rosafarbenes Aussehen. Wenn die Tiere, der Fang und der Kochvorgang auch überall an der Küste gleich sind, so unterscheiden sich in den verschiedenen Regionen doch die mundartlichen Bezeichnungen: „Porren" in Nordfriesland, „Kraut" in Dithmarschen und „Granat" zwischen Elbe und Ems.

BÜS4
45
BÜS

Die Krabbe ist ein Werbeträger für die Küstenregion. Bis tief hinein ins Binnenland verbinden Menschen mit diesen Tieren schöne und sinnliche Erinnerungen an Sommer, Strand und Urlaub.
Der Name des Nordseeheilbades Büsum taucht in Verbindung mit Krabbenrezepturen in aller Welt auf. Die Büsumer Krabbensuppe enthält natürlich ihre köstliche Fleischeinlage aus allen Fanggebieten und Kutterhäfen. Aber es soll Krabbenfreunde geben, die auf den Direktkauf vom Büsumer Kutter schwören.

Die Krabbe

Die Garnele, in Norddeutschland Krabbe genannt, gehört zur Familie der Krebse. Sie hat zehn Füße, zwei lange Fühler und ist von glasheller zarter Farbe. Die Nordseekrabben werden bis zu fünf Zentimeter lang und haben ein sehr schmackhaftes Fleisch. Sie werden meist von Krabbenkuttern mit speziellen, engmaschigen Netzen vor den Küsten Deutschlands, Dänemarks und der Niederlande gefangen. Damit sie nicht verderben, werden sie gleich an Bord mit Meerwasser gekocht, wodurch sie appetitlich rosabraun werden. Ungekochte Krabben gibt es kaum zu kaufen, und auch ungepulte gibt es außerhalb der Fischerei-Häfen relativ selten.

Normalerweise werden die Nordseekrabben mit der Hand gepult, was sie natürlich relativ teuer macht. Versuche, eine gut funktionierende Krabbenschälmaschine zu entwickeln, konnten bisher zu keiner Kostensenkung beitragen. Frisch gepult schmecken die Krabben am besten. Am gleichen Tag sollten sie verarbeitet werden, da sie leicht verderben. Aber durch moderne Techniken ist auch die tiefgekühlte oder die Dosen-Krabbe sehr schmackhaft. Das Fleisch aller Krabben (also auch Tiefseekrabben, Grönland- oder Ostseekrabben) ist sehr gesund und eiweißreich. Für die in diesem Buch angebotenen Rezepte können alle Arten von Krabben, Garnelen, Shrimps oder Crevetten verwendet werden.

Tips zur Frischhaltung und zum Pulen

Krabben sind leicht verderblich. Deswegen hier noch ein paar Tips: Wenn Sie also gekochte Krabben in Schale gekauft haben, bitte zu Hause möglichst gleich pulen und verarbeiten. Das Zweitbeste ist, die ungepulten Krabben sofort aus der Verpackung zu nehmen, damit Luft dran kommt, sie in einen Durchschlag zu schütten und zur Kühlung in den Kühlschrank zu legen. Sie müssen dann aber noch am gleichen Tage gepult werden.

Von einem Fischer bekam ich den Tip, sie mit Schale in einem Gefrierbeutel einzufrieren. Wenn man sie dann später wieder auftaut, wird die Schale allerdings sehr weich, was das Pulen erschwert. Darum hier mein Tip: Man pule sie in angetautem Zustand in noch nicht ganz weicher Konsistenz.

Krabbenpulen

Für alle, die noch nie Krabben gepult haben, aber sich zum Beispiel im Urlaub darin probieren wollen, hier eine kleine Anleitung:

Man nimmt den Kopf der Krabbe zwischen Daumen und Zeigefinger der einen Hand und faßt das andere Ende mit Daumen und Zeigefinger der anderen Hand. Dann dreht oder biegt man die Krabbe vorsichtig, bis das Gehäuse möglichst in der Mitte einen Knacks bekommt und man die eine Schalenhälfte ablösen kann. Wenn diese im Schalenteller gelandet ist, kann man das Fleisch aus der anderen Hälfte herausziehen. Wenn Sie sich durch anfängliches Durchreißen des Fleisches nicht entmutigen lassen, werden Sie durch sehr würziges, frisches Krabbenfleisch belohnt, das von der Hand in den Mund eine einmalige Delikatesse ist.

Das wissen und lieben diejenigen Küstenbewohner besonders, die dem privaten Krabbenfang nachgehen. Mit kleinen Reusen und Körben ausgerüstet, ziehen sie im Sommer bei Niedrigwasser in die Watten und fischen dort in den seichten Gewässern, genannt Priele, ihre Nordseekrabben. Ich kenne einige Familien, in denen die Männer dann nach Stunden mit bis zu 40 Pfund Krabben stolz zurückkehren, sie kochen und dann frisch auf den Küchentisch ergießen. Wie bei einem Familienfest macht sich die Schar der Hausbewohner dann pulend, essend und Bier trinkend über die kostbare Beute her.

Schauermanns Krabbenbrot

1 Scheibe Vollkornbrot
10 g Butter
100 g Krabbenfleisch
$^1/_4$ Salatgurke
2 Radieschen
$^1/_2$ Bund Dill
Prise Salz
frisch gemahlener schwarzer Pfeffer
Salatblatt

Das Vollkornbrot mit Butter bestreichen und mit dem Salatblatt belegen. 100 g frische Büsumer Krabben darauf verteilen. Mit ein paar Salatgurkenscheiben umlegen. Bei Bedarf leicht salzen. Mit Pfeffer würzen. Dill und Radieschen zum Garnieren.

Zwischenmahlzeit

Krabbenbrot mit Spiegelei

Vollkornbrot
Butter
200 g frische Nordseekrabben
Salz
frisch gemahlener schwarzer Pfeffer
2 Eier
1 Gewürzgurke

Vollkornbrot kräftig buttern und mit den Nordseekrabben belegen. Nach Geschmack etwas salzen, auf jeden Fall gut pfeffern. 2 Spiegeleier knusprig braten und auf die Krabben legen. Garnieren mit einer fächerförmig geschnittenen Gewürzgurke.

Vor der deutschen Nordseeküste liegt der Nationalpark Wattenmeer. Schleswig-Holstein, Hamburg und Niedersachsen sind für das jeweils zum eigenen Landesbereich gehörende Areal zuständig und haben die Aufsicht, Kontrolle und wissenschaftliche Betreuung jeweiligen Landesämtern unterstellt. Die Gesetze sorgen für eine eingeschränkte Nutzung dieser Gebiete durch den Menschen.

Ordinger Krabben-Salat

Chicorée-Krabben-Salat

270 g Nordseekrabben aus der Dose oder tiefgekühlte Tiefseekrabben
4 Chicorée
2 Gewürzgurken

Für die Sauce:

1 kleines Glas Mayonnaise
$^1/_2$ Becher Sahnejoghurt
3 EL Milch
Saft einer halben Zitrone
1 TL Edelsüß-Paprika
Salz
Pfeffer
1 Prise Zucker

Krabben auf einem Sieb gut abtropfen lassen. Tiefgekühlte Krabben müssen bei Zimmertemperatur aufgetaut werden. Chicorée waschen, putzen, indem man großzügig die Wurzelenden abschneidet. Unteren bitteren Kern keilförmig rausschneiden. Chicorée halbieren und in Stücke schneiden. Gewürzgurken würfeln. Gurkenwürfel mit den Krabben und dem Chicorée mischen.

Sauce:

Mayonnaise mit dem Joghurt verrühren und mit Milch und Zitronensaft glattrühren. Mit Paprika, Salz, Pfeffer und Zucker würzen. Sauce über die Krabben-Chicorée-Mischung geben, mischen und durchziehen lassen.

Dazu:
Schwarzbrot und Butter

Westerländer Krabbencocktail

1 Glas Delikateßmayonnaise
50 g in Blättchen geschnittene Mandeln
1 kleine Dose Mandarinen
$^{1}/_{2}$ kleine Dose Ananasstücke
2 EL Curry
Salz
Pfeffer
Süßstoff
etwas Ananassaft
200 g Nordseekrabbenfleisch, evtl. aus der Dose
4 EL Magerquark

Mandarinen, Ananas, Krabben gut abtropfen lassen. Ananassaft separat auffangen. Mayonnaise mit Salz, Pfeffer, Süßstoff, Curry, Magerquark und etwas Ananassaft gut verrühren. Abschmecken. Mandelblätter darunterheben. Mandarinen und Ananasstücke dazugeben. Zum Schluß vorsichtig das Krabbenfleisch druntermischen. Aufpassen, daß die Mandarinenscheiben nicht zerstört werden. Im Kühlschrank gut durchziehen lassen.

Dazu:
Toast und Butter.

Lotsencocktail

Champignon-Krabben

270 g Nordseekrabben aus der Dose
200 g frische Champignons
30 g Butter
Salz
Saft einer halben Zitrone
2 hartgekochte Eier

Für die Marinade:

1 Päckchen Mayonnaise oder ein kleines Glas
1 1/2 EL Tomatenketchup
2 Spritzer Worcestersauce
ein paar Tropfen Tabasco
1 TL Edelsüß-Paprika
1 TL Zucker
Salz
1 kleines Bund Dill

Die Champignons waschen, putzen, gut abtrocknen und in Scheibchen schneiden. In der zerlassenen Butter mit einer Prise Salz 10 bis 15 Min. dünsten. Zitronensaft drübergießen. Ein paar Scheiben zur Dekoration aufheben. Mit dem gut abgetropften Krabbenfleisch mischen. Abkühlen lassen. 1 hartgekochtes Ei gut durchhacken und zur Champignon-Krabben-Mischung geben.

Die Marinade:

Mayonnaise mit dem Ketchup vermischen. Mit Worcestersauce, Tabasco, Paprikapulver, Salz und Zucker abschmecken. Dill waschen, abtrocknen, hacken und in die Sauce geben. Sauce über den Salat geben. Gut vermischen. Im Kühlschrank durchziehen lassen. Das zweite Ei mit den restlichen Champignonscheiben und dem Dill zum Garnieren verwenden.

Dazu: Toastbrot und Butter

Süderdeicher Krabbensalat

500 g Mayonnaise
2 Granny-Smith-Äpfel
3 Gewürzgurken
Pfeffer
Salz
ein Schuß Gurkenwasser
ein Spritzer Süßstoff
250 g Nordseekrabbenfleisch

Mayonnaise gut mit Salz, Pfeffer und Süßstoff würzen und zum Schluß einen Schuß von dem Gurkenwasser hinzugeben. Abschmecken, Äpfel und Gewürzgurken in feine Stücke schneiden und zur Mayonnaise geben. Ganz zum Schluß das Krabbenfleisch darunterheben und gut durchziehen lassen. Schmeckt am besten auf einem knusprigen frischen Brötchen oder auf Vollkornbrot.

Binnenland und Waterkant

Orangen-Krabben-Salat
(für 4 Personen)

250 g Nordseekrabben
1 kleiner Salatkopf oder Eisbergsalat
1 große Orange (unbehandelt)
4 EL Orangensaft
4 EL Öl
1 TL milder Senf
1 Prise Zucker
1 Prise Salz
etwas abgeriebene Orangenschale
gemahlener schwarzer Pfeffer
Dillzweige

Salat in feine Streifen schneiden. Krabbenfleisch druntermischen. Orange schälen. Vorsichtig die Haut von den Orangenfilets lösen. Orangenfilets halbieren und zu den Krabben geben. Aus Orangensaft, Öl, Senf, Zucker, Salz und geriebener Orangenschale eine Sauce rühren und über die Salatmischung gießen. Sehr vorsichtig durchmischen. Viel schwarzen Pfeffer darüber mahlen, mit Dill garnieren.

Dazu:
Toast oder Vollkornbrot mit Butter

Deichgraf-Salat

Krabben-Champignon-Salat
(für 4 Personen)

200 g Nordseekrabbenfleisch
200 g frische Champignons
8 EL Olivenöl
2 EL Weinessig
1/4 TL Senfpulver
1/4 TL Rosmarin, fein gehackt
Salz
frisch gemahlener Pfeffer
1 Prise Zucker
Saft einer Zitrone
1 Prise Cayennepfeffer
Kopfsalat (Salatblätter zum Anrichten)

Für die Salatsauce:

Öl, Essig und Senfpulver kräftig verrühren. Mit Rosmarin, Salz, Pfeffer und Zucker würzen.

Champignons putzen, waschen und gut abtrocknen. Dünne Scheiben schneiden und in die Salatsauce geben. Sorgfältig mischen und zugedeckt eine Stunde stehen lassen. Inzwischen Krabben mit dem Zitronensaft beträufeln, mit Salz, Pfeffer und Cayennepfeffer vermischen und abschmecken. Krabben abtropfen lassen und mit den Champignons vermischen. Auf einem Salatblatt anrichten.

Husumer Krabbencocktail

1 kl. Glas Delikateß-Mayonnaise
1 Tasse Ketchup
1 Crème fraîche
2 Gläschen Cognac
etwas geschlagene Sahne
Pfeffer
Salz
1 Spritzer Süßstoff
1 kl. Dose Champignons (ganze Köpfe)
1 kl. Dose Spargelköpfe
200 g Nordseekrabbenfleisch
Kopfsalat

Champignons und Spargel gut abtropfen lassen. Die Mayonnaise mit Ketchup, Crème fraîche, Cognac, Salz, Pfeffer und ein paar Spritzern Süßstoff vermischen. Zum Schluß die geschlagene Sahne vorsichtig darunterheben. Champignons, Spargel und Krabben vermischen. Salatblatt oder in Streifen geschnittener Eisbergsalat auf den Boden einiger Gläser verteilen. Darauf nun die Champignon-Spargel-Krabben-Mischung verteilen. Über das Ganze die Sauce gießen und schön verteilen, damit der ganze Cocktail bedeckt ist.

Dazu:
Toast und Butter.

Spökenkieker

Avocado-Krabben-Salat
(für eine Person)

100 g Krabbenfleisch
$^1/_2$ Bund Dill
$^1/_2$ Bund Schnittlauch
1 nicht zu große Avocado
Zitronensaft
Salz
Pfeffer aus der Mühle
1 EL Öl
1 Kopf Salat

Avocado durchschneiden und den Kern herausnehmen. Das Avocado-Fleisch sofort mit dem Zitronensaft beträufeln, sonst wird es braun. Dunkelgrüne Schale dünn abschälen. Avocado-Hälften quer in Scheiben schneiden. Mit den Krabben vermischen – aber Vorsicht: die Avocado-Scheiben brechen leicht durch.
Dill waschen und hacken, Schnittlauch waschen und in Röllchen schneiden, mit Zitronensaft, den Gewürzen und Öl zu einer Salatsauce mischen. Krabben und Avocado-Scheiben auf Salatblättern anrichten. Sauce darübergießen oder separat reichen.

Vollerwieker Springfloot

Blumenkohl-Krabben-Salat
(für 2 Personen)

1 schöner fester Blumenkohl
375 g Krabbenfleisch
Salz
Zitronensaft
Pfeffer aus der Mühle
1 Vollmilchjoghurt
1 Eigelb
2 EL Sojasauce
etwas Süßstoff
Sambal Olek
Koriander (frisch gemahlen)

In kochendem Salzwasser den Blumenkohl mit dem Strunk nach unten 15 Min. kochen. Das Krabbenfleisch salzen und pfeffern und mit Zitronensaft beträufeln.
Den Joghurt mit dem Eigelb, der Sojasauce, Salz, Pfeffer, Süßstoff, Sambal Olek und Korianderpulver verrühren. Den Blumenkohl in Röschen teilen und mit dem Krabbenfleisch mischen. Die Sauce drüberziehen und vorsichtig mischen. Gut durchziehen lassen. Schmeckt lauwarm und kalt.

Halligfrühstück

1 kl. Glas Mayonnaise
$^1/_2$ gehackte Zwiebel
3 EL Sahnejoghurt
viele verschiedene frische Kräuter
Salz
Curry
Worcestersauce
4 Eier
2x 100 g Krabbenfleisch

Aus der Mayonnaise, dem Joghurt, der gehackten Zwiebel eine Sauce rühren. Mit den Kräutern, Salz, Curry und Worcestersauce abschmecken. 100 g Krabbenfleisch druntermischen. Das ganze auf einer ovalen Platte in der Mitte anrichten. 8 hartgekochte Eierhälften am Rand drumherum legen. 100 g Krabbenfleisch über die Kräuter-Krabben-Mayonnaise-Mischung streuen und mit Kresse garnieren.

Dazu:
Schwarzbrot und Butter.

Hooger Krabbencocktail

$^1/_4$ Pfund Salatmayonnaise
2 EL Ketchup
1 Schuß Worcestercause
Zitronensaft
1 Zitrone zum Dekorieren
Salz
Pfeffer
250 g Nordseekrabbenfleisch
12 gefüllte Olivenhälften
1 Banane in Würfel geschnitten
1 Bund gehackte Petersilie

Mayonnaise, Tomatenketchup und Worcestersauce mischen. Mit Zitronensaft, Salz, Pfeffer und einem kleinen Spritzer Süßstoff abschmecken. Vorsichtig die Bananenwürfel, Olivenhälften und das Krabbenfleisch drunterziehen.
In Gläser (zum Beispiel Sektschalen) füllen und mit gehackter Petersilie bestreuen. An den Glasrand eine eingeschnittene Zitronenscheibe stecken.

Dazu:
Toast und Butter.

Tönninger Krabbencocktail

(für vier Personen)

1 Dose Nordseekrabben (180 g)
1 Dose Artischockenherzen (240 g)
1 Gemüsezwiebel
3 EL Öl
1 EL süßer Senf
1 EL scharfer Senf
1 EL Tomatenmark
1 EL flüssige Speisewürze
1 EL Cognac
Salz
Pfeffer

Zucker
3 EL flüssige Schlagsahne
1 Portion Kresse
Zitronenscheiben zum Garnieren

Krabbenfleisch auf einem Sieb gut abtropfen lassen. In dem aufgefangenen Saft die abgetropften Artischockenherzen marinieren. Die Zwiebel in feine Ringe schneiden und mit Öl beträufeln. Die Salatsauce aus Senf, Tomatenmark, Speisewürze, Cognac, Salz, Pfeffer und Zucker bereiten. 2 EL Öl kräftig unterrühren, dann die Schlagsahne unterziehen. Die halbierten Artischockenherzen auf vier Gläser verteilen. Das Krabbenfleisch, die Zwiebelringe und die Kresse darübergeben. Alles mit der Cocktailsauce überziehen. Im Kühlschrank gut durchziehen lassen. Mit Zitronenscheiben garnieren.

Dazu:
Toast und Butter.

Bootsmann mokt Foftein

Mit Krabben gefülltes Brot

1 Meterbrot
200 g Nordseekrabbenfleisch
50 g Butter
2 Pk. Frischkäse (à 200 g)
2 Blatt weiße Gelatine
Salz
Pfeffer
Worcestersauce
gehackte Kräuter

Die weiche Butter sahnig rühren, den Frischkäse nach und nach dazugeben. 2 Blatt in 2 EL Wasser gelöste Gelatine unterrühren. Mit Salz, Pfeffer, Worcestersauce abschmecken. Das Krabbenfleisch und die verschiedenen Kräuter dazugeben. Das Weißbrot gut aushöhlen, so daß nur noch die äußerliche Kruste zurückbleibt. Die Krabben-Käse-Masse fest in das ausgehöhlte Weißbrot drücken. Gut durchkühlen lassen und aufschneiden.

Eignet sich gut für ein kaltes Buffet.

Krabben-Kutter

270 g Nordsee- oder Grönlandkrabben
2 Chicorée
Sauce:
100 g Mayonnaise
1 TL Zitronensaft
2 EL Dosenmilch
2 gefüllte Oliven
1 EL Edelsüß-Paprika
1 Prise Zucker
Salz
Pfeffer
1 Strauß frischen Dill

Chicorée waschen und gut abtrocknen. Alle Blätter ablösen, dabei das bittere Wurzelende abschneiden. Die Blätter oder Schiffchen mit Krabbenfleisch füllen.

Sauce:

Mayonnaise mit Zitronensaft und Dosenmilch verrühren. Mit Salz, Pfeffer, Zucker und Paprika abschmecken. Sauce auf den Krabben-Schiffchen verteilen. Oliven in feine Scheiben schneiden und zusammen mit den Dillzweigen garnieren.

Dazu:
Toast und Butter

Als Vorspeise oder Zwischenmahlzeit.

Greetsieler Kraftpaket

Krabbenrührei (für 2 Personen)

100 g Nordseekrabbenfleisch
4 Eier
4 EL Schlagsahne
1 EL Zitronensaft
Salz
frisch gemahlener weißer Pfeffer
30 g Butter
2 Scheiben gebuttertes Schwarzbrot oder Bauernbrot (aus der Zwillingsmühle)

Die Eier mit der Sahne verquirlen, salzen und pfeffern. Krabben mit Zitronensaft beträufeln, salzen und pfeffern. Butter in einer Pfanne erhitzen. Die Eier hineingießen und bei mittlerer Hitze stocken lassen, bis sie am Rand der Pfanne fest werden. Das Krabbenfleisch untermischen und das Rührei stocken lassen. Auf einer gebutterten Brotscheibe verteilen, sofort servieren.

Backbord – Steuerbord

Krabben-Trauben-Salat

200 g Nordsee- oder Grönlandkrabben
100 g helle Weintrauben
100 g blaue Weintrauben
100 g mittelalter Gouda im Stück
70 g Mayonnaise
1 Becher Joghurt
Salz
Pfeffer
etwas Zitronensaft
Petersilie
Zum Garnieren ein paar Zitronen-scheiben

Die Weintrauben waschen, halbieren und entkernen. Den Käse in Würfel schneiden. Das Krabbenfleisch, wenn nötig auftauen, oder – falls aus der Dose – abtropfen lassen. Weintrauben, Käse und Krabben vermischen. Aus der Mayonnaise, dem Joghurt, Zitronensaft, Salz, Pfeffer und Zucker eine Sauce rühren. Die Marinade über den Salat geben. Bei Bedarf mit gehackter Petersilie bestreuen und mit Zitronenscheiben garnieren.

Cuxhavener Krabbensuppe

Champignonsuppe mit Krabben

200 g frisches Krabbenfleisch
(oder aus der Dose)
300 g frische Champignons
50 g Butter
$^{1}/_{2}$ l Fleischbrühe (Instant)
$^{1}/_{2}$ l Wasser
$^{1}/_{8}$ l flüssige Schlagsahne
$1^{1}/_{2}$ EL Sherry
Salz
Pfeffer
1 TL frischer feingeschnittener Dill
(oder $^{1}/_{2}$ TL getrockneter Dill)
2 EL feingehackte Petersilie

Die Champignons putzen, waschen und sehr gut abtrocknen. In feine Scheiben schneiden. Anschließend in der erhitzten Butter 5 Min. dünsten. Würzen mit Pfeffer. Mehl darüber stäuben und langsam mit der im Wasser verdünnten Fleischbrühe ablöschen. Ca. 10 Min. bei schwacher Hitze kochen lassen. Topf vom Herd nehmen und die Sahne unterrühren. Wenn erforderlich, mit Salz abschmecken, aber Vorsicht: die Brühe ist meistens schon salzig genug. Krabben (wenn aus der Dose, mit Flüssigkeit), Sherry, Dill und Petersilie dazugeben. Bis kurz vorm Kochen erhitzen. Mit Petersilie bestreuen.

Dazu *paßt Käsegebäck.*

Schmuggler-Suppe

1000 g Kartoffeln
1 Pk. Suppengrün
2–3 EL Brühe (Instant)
$^{1}/_{8}$ Pfund Butter
Schuß flüssige Schlagsahne
1 Prise Salz
1 TL (gehäufter) gehackte Petersilie
200 g Frühstücksspeck
200 g frisches Nordseekrabbenfleisch
(ansonsten aus der Dose)

Die Kartoffeln in Würfel schneiden und mit dem Suppengrün in dem Wasser aufsetzen und garkochen. Kartoffeln und Suppengrün durch ein Sieb streichen, zurück in das Wasser geben, in das inzwischen die Instantbrühe eingerührt wurde. Abschmecken mit einer Prise Salz und der Butter, flüssiger Sahne und der gehackten Petersilie. Den Frühstücksspeck würfeln und in der Pfanne knusprig braten. Die Krabben zum Schluß in der Suppe erwärmen und den Speck darüberstreuen.

Einer der bedeutendsten Kutterhäfen an der niedersächsischen Nordseeküste ist Neuharlingersiel, dessen Fischer gelegentlich als die besten Seeleute der Küste gelten. Der kleine Hafen gewinnt seine romantische Ausstrahlung durch die Reihe der mit dem Giebel zum Hafen stehenden Fischerhäuser.

FALKE

Gefüllte Eier nach Fischerin-Art

8 Eier
20 g Butter
4 EL flüssige Schlagsahne
Saft einer halben Zitrone
1 Scheibe Räucherlachs
2 Sardellenfilets
weißer Pfeffer
1 Prise Zucker
1 Spritzer Tabasco
70 g Krabbenfleisch
(tiefgekühlt oder aus der Dose)
Salatblätter
Petersilie

Krabben auftauen und gut abtropfen lassen. Eier hartkochen, abpulen und der Länge nach halbieren. Die Eigelb herausnehmen und mit der weichen Butter, der Sahne und dem Zitronensaft verrühren. Räucherlachs mit den Sardellenfilets fein wiegen. Einige Krabben zum Garnieren aufheben, den Rest kleinhacken und mit der Paste mischen. Mit Pfeffer, Zucker und Tabasco abschmecken.
Die Masse in die halbierten Eier füllen. Auf einer Platte die Salatblätter ausbreiten, mit Zitronensaft marinieren. Die gefüllten Eihälften auf die Salatblätter setzen. Jedes Ei mit einer Krabbe und Petersilie garnieren.

Paßt gut auf ein kaltes Buffet.

Dazu:
Schwarzbrot und Butter.

Meldorfer Krabben-Sülze

1 Dose Nordseekrabben
1 Dose Spargel
1 Dose Champignons
1 Brühwürfel
1 EL Essig
2 Spritzer Worcestersauce
einige Spritzer Tabasco
3 hartgekochte Eier
1 Prise Zucker
Salz
Pfeffer
8 Blatt weiße Gelatine

Gelatine nach Beschreibung einweichen und quellen lassen. Champignons, Spargel abtropfen lassen. Nordseekrabben getrennt abtropfen lassen und den Saft auffangen. Mit einem $^1/_2$ l Wasser auffüllen und zum Kochen bringen. Den Brühwürfel darin auflösen. Vom Herd nehmen und etwas abkühlen lassen. Spargel in 4–5 cm lange Stücke schneiden. Die gequollene Gelatine in der heißen Brühe auflösen. Mit Essig, Worcestersauce, Tabasco, Zucker, Salz und Pfeffer abschmecken. Eine Glasschüssel oder Form kalt ausspülen und dünn mit der Gelierflüssigkeit ausgießen und erstarren lassen. Aus den Zutaten (Spargel, Krabben, Champignons und Eischeiben) ein Muster legen und mit etwas Flüssigkeit übergießen. Nochmals erstarren lassen. Die restlichen Zutaten mit der übrigen Gelierflüssigkeit darüber geben und im Kühlschrank erkalten lassen. Vor dem Servieren auf eine Platte stürzen.

Dazu:
Toast oder kräftiges Bauernbrot.

Störtebekers Schmaus

Krabben eingelegt in Essig und Öl

Aus Essig, Öl, Pfeffer, Salz und einem Schuß Wasser eine Marinade bereiten. Eine große Gemüsezwiebel in Ringe schneiden und hinzugeben. Krabbenfleisch in die Marinade geben und gut durchziehen lassen.
Krabbenfleisch hält sich nicht lange. Deshalb ist es gut – wenn Krabben übrig bleiben –, sie in Sauer zu legen. Dadurch erzielt man eine gewisse Haltbarkeit.

Dazu:
knusprig goldbraune Bratkartoffeln.

Helgoländer Krabben in Gelee

2 Dosen Nordseekrabben
1 Brühwürfel
$^1/_2$ Tasse Essig
2 Spritzer Worcestersauce
1 Prise Zucker
Salz
Pfeffer
8 Blatt weiße Gelatine
Kartoffeln

Den abgetropften Saft der Krabben mit einem $^1/_2$ l Wasser auffüllen und zum Kochen bringen. Den Brühwürfel darin auflösen. Alles vom Herd nehmen. Die gequollene Gelatine in der heißen Brühe auflösen, mit Essig, Worcestersauce, Salz, Pfeffer und Zucker abschmecken. Je nach Geschmack mit Essig noch etwas säuern. Das Krabbenfleisch in den Sud geben und das Ganze in eine kalt ausgespülte Schüssel geben und erstarren lassen. Vor dem Servieren auf eine Platte stürzen.

Dazu:
Knusprig gebratene Bratkartoffeln.

Roter Haubarg

(Vorspeise für 8 Personen)

1 Eisbergsalat
500 g frisches Krabbenfleisch (aus der Dose)
8 harte Eier
500 g Mayonnaise
1 Becher Crème fraîche
1 Tasse Ketchup
$^1/_8$ l Cognac
etwas geschlagene Sahne ($^1/_8$ l)
Salz
Pfeffer
Spritzer Süßstoff
1 Gemüsezwiebel

Mayonnaise mit Crème fraîche, Ketchup, geschlagener Sahne und dem Cognac vermischen. Mit Salz, Pfeffer und dem Süßstoff abschmecken. Auf einer möglichst großen tiefen Platte den in Streifen geschnittenen Eisbergsalat verteilen. Darauf schön dick die gut abgetropften Krabben darüberstreuen. Zwiebel in dünne Ringe schneiden und auf die Krabben legen. Darüber die rote Salatsauce ganz dick verteilen, so daß vom Salat und den Krabben nichts mehr zu sehen ist. Um den Rand der Platte die harten Eierhälften legen, salzen und mit frisch gemahlenem schwarzen Pfeffer bestreuen.

Paßt sehr gut auf ein kaltes Buffet.

Krabbensuppe „Deichkrone“

150 g Nordseekrabben
1 Zwiebel
2 Möhren
30 g Butter
$^3/_4$ l Fleischfond
etwas Bohnenkraut
Estragon
450 g tiefgekühlte Erbsen
100 ml Weißwein
$^1/_8$ l Sahne
100 ml Sekt

Die Zwiebeln und die Möhren hacken und kleinschneiden. In der erhitzten Butter Zwiebeln und Möhren 5 Min. anbraten. Mit dem heißen Fleischfond auffüllen und 10 Min. kochen lassen. Die Kräuter und die Erbsen hinzugeben. Nach 15 Min. Köchelzeit die Suppe durch ein Sieb passieren und abschmecken. Die Krabben in die Suppe geben sowie den Weißwein und die Sahne unterrühren. Nicht mehr kochen. Sollte man sich beim Kochen ein Glas Sekt gegönnt haben, könnte die Suppe auch bis zu 100 ml vertragen, aber erst kurz vor dem Servieren.

Schleusensuppe

Krabbensuppe mit Eierfäden

100 g magerer gekochter Schinken
1 Bund Frühlingszwiebeln
1 Wurzel
1 kl. Staudensellerie
100 g Nordseekrabben
(frisch oder aus der Dose)
wenn aus der Dose, gut abtropfen lassen
$^3/_4$ l Hühnerbrühe
Salz
gemahlener Pfeffer
1 Messerspitze Ingwerpulver
2 Eier
1 EL Sojasauce
1 TL Sesamöl

Frühlingszwiebeln, Wurzel und Sellerie putzen, waschen und in sehr feine Streifen schneiden. In der Hühnerbrühe 5 Min. köcheln lassen. Das Suppengemüse muß bißfest bleiben. Den Schinken ebenfalls in Streifen schneiden und mit den Krabben in die Suppe geben. Mit Salz, Pfeffer und Ingwer würzen. Eier, Sojasauce und Sesamöl gut schlagen und durch ein Sieb in die köchelnde Suppe gießen. Wenn sich die Eifäden gebildet haben, sofort servieren.

Land in Sicht

Krabbensuppe mit Eierstich

150 g frische Nordseekrabben
oder Tiefseekrabben (Tiefkühl)
1 Ei
1 Eigelb
Zucker
Salz
2 EL Milch
Curry
1 Zwiebel
30 g Butter
Pfeffer
2 cl Cognac
$^3/_4$ l Fleischbrühe
$^1/_8$ l trockener Weißwein oder
trockener Sherry
1 Spritzer Tabasco
2 EL Tomatenmark
3 EL gehackte Kräuter

Das weithin bekannte Wahrzeichen für die Nordseeküste ist der Westerhever Leuchtturm an der nordwestlichen Kante der Halbinsel Eiderstedt. Er weist den Weg durch den Heverstrom, eine Rinne, die sich im Wattenmeer vor Jahrhunderten gebildet hat.

Krabben bei Zimmertemperatur auftauen lassen.

Das ganze Ei und ein Eigelb, eine Prise Zucker, Salz, 2 EL Milch und ein wenig Curry sehr glattrühren. In eine hohe gefettete Tasse oder feuerfeste Form füllen und fest mit Alufolie abdecken. In ein Wasserbad stellen und bei mittlerer Hitze auf dem Herd oder im Backofen 45–50 Min. gar werden lassen. Inzwischen die Zwiebeln fein würfeln. Krabben in der heißen Butter anbraten, würzen und mit Cognac ablöschen. Danach Krabben herausnehmen. Zwiebeln im Bratfond andünsten. Brühe, Wein, Gewürze und Tomatenmark einrühren und 3–5 Min. köcheln lassen. Den steif gewordenen Eistich aus der Form stürzen und zu Würfeln schneiden oder mit kleinen Förmchen ausstechen. Mit dem Krabbenfleisch in die Suppe geben und 1 Min. ziehen lassen. Abschmecken und mit viel Petersilie bestreuen.

Ol Büsumer

Schnelle Krabbensuppe
für Überraschungsbesuch
(für vier Personen)

4 Dosen Tomatensuppe
4 Glas Sherry (medium)
1 Würfel Krabben- oder Hummersuppe
180 g Krabbenfleisch aus der Dose
1 Becher Schlagsahne (250 g)
$^1/_2$ Becher Crème fraîche
Spritzer Süßstoff
schwarzer Pfeffer
Salz

In einem Topf Tomatensuppe erwärmen. Krabbensuppenwürfel hineinrühren. Crème fraîche unterheben. Mit Sherry, Salz, schwarzem Pfeffer und einem Spritzer Süßstoff abschmecken. Ganz zum Schluß das Krabbenfleisch darin erwärmen. Die Suppe nicht kochen. In vorgewärmte Suppentassen füllen und die steifgeschlagene Schlagsahne als Haube obendrauf füllen. Mit ein paar Petersilienblättchen verzieren.

Pizza Katinger Watt

300 g Blätterteig (Tiefkühl)
200 g geraspelter Emmentaler
200 g Nordseekrabbenfleisch
4 frische reife Tomaten
schwarze Oliven
Prise Majoran
Salz, Pfeffer

Blätterteig auftauen und eine runde, flache Kuchenform damit auslegen. Den Boden mit dem geriebenen Käse belegen und bei 200 Grad backen, bis der Käse anfängt zu zerlaufen. Das Krabbenfleisch über den Käse streuen. Mit Tomatenscheiben und schwarzen Oliven belegen. Salzen, pfeffern und mit Majoran würzen. Noch einmal in den Ofen und kurz überbacken.

Nordseebojen

8 Krabben-Quiches

Füllung:
150 g Nordseekrabbenfleisch
200 g Speisequark (40 %)
2 Eier
Zitronensaft
Speisestärke
Dill
Salz, Pfeffer
Teig:
1 Beutel Fix-Teig für Pizza und Gemüsekuchen
$^1/_8$ l lauwarmes Wasser oder Milch

Fix-Teig nach Anweisung zubereiten. Teig in 8 Teile teilen, ausrollen und in gefettete Quicheförmchen geben. Den Speisequark mit den Eiern, der Speisestärke und dem gehackten Dill verrühren und mit Salz, Pfeffer und Zitronensaft abschmecken. Krabben daruntermischen. Füllung auf die Teigböden verteilen und die Krabben-Quiches im vorgeheizten Backofen bei 200 Grad 30–35 Min. backen.

Tip:
Die Quiches kann man auch fertig kaufen. Auch tiefgekühlte Pizza-Böden eignen sich. Natürlich unbelegt.

Strandläufer-Toast

Krabben-Forellen-Toast

4 Toastscheiben
Butter
1 Kopfsalat
4 halbe geräucherte Forellenfilets
100 g Salatmayonnaise
2 EL Sahnejoghurt
1 gehäufter EL Kerbel oder gehackte Petersilie
Salz, Pfeffer
125 g Krabbenfleisch, frisch gepult oder aus der Dose
2 hartgekochte Eier

Auf das getoastete Brot ein Salatblatt legen. Darauf ein halbes Forellenfilet. Die Mayonnaise mit dem Joghurt verrühren. Kerbel oder Petersilie druntermischen und mit Salz oder Pfeffer würzen. Das Dressing über das Forellenfilet geben, mit Krabbenfleisch überstreuen. Mit gekochten Eiern garnieren.

Wattenlaufen macht hungrig. Bei jedem Wetter ist das Reizklima der Nordsee in der Nähe der Flutkante am wirkungsvollsten. Das Gehen gegen den Wind und das Atmen der frischen Seeluft regt den Stoffwechsel im Körper außerordentlich stark an. Dieser reagiert mit dem Bedürfnis nach viel Schlaf und Nahrung. Kräftige Krabbenspezialitäten in den Restaurants an der Küste gehören dann natürlich zu den zünftigen Speisen, auf die man Appetit hat.

Leuchtfeuer Trischen

Krabben-Mandarinen-Toast
überbacken

4 Scheiben Toastbrot
Butter zum Bestreichen
125 g Krabben oder aus der Dose
2 Mandarinen
125 g geraspelter Käse

Toastscheiben ganz zart toasten, damit sie beim Überbacken nicht zu hart werden. Mit Butter bestreichen und mit dem Krabbenfleisch belegen. Die Mandarinenspalten zwischen den Krabben dekorieren. Den geraspelten Käse darüberstreuen und im Backofen oder Grill kurz überbacken, bis der Käse schmilzt.

Strandkorbgeflüster

Mit Krabben gefüllte Tomaten

4 große reife Tomaten
1 Dose Nordseekrabbenfleisch
2 hartgekochte Eier
1 EL Öl
1 TL Essig
Spritzer Worcestersauce
Salz
Pfeffer
3 Sardellenfilets
einige Kapern
1 EL Schnittlauch
1 EL Petersilie
2 EL Crème fraîche
1 Becher Sahnejoghurt
Saft einer Zitrone
Zucker
Prise Selleriesalz

Tomaten waschen, abtrocknen. Den Stengelansatz entfernen. Deckel abschneiden und die Tomaten vorsichtig aushöhlen, dann zum Abtropfen auf den Kopf stellen. Das Öl, Essig, Worcestersauce, Salz und Pfeffer mischen. Die Tomaten damit ausstreichen. Die gut abgetropften Krabben auf die Tomaten verteilen. Die Sardellenfilets, die harten geschälten Eier und Kapern kleinhacken. Mit dem Schnittlauch, Petersilie, der Crème fraîche, dem Joghurt und dem Zitronensaft in einer Schüssel mischen. Mit Zucker abschmecken. Die Tomaten mit dem Selleriesalz würzen und mit der Masse füllen. Den Deckel darauflegen.

Dazu:
Toast und Butter.

Eignet sich auch gut für ein kaltes Buffet.

SD 34
SD 24
KORMORAN
FRIEDRICHSKOOG

Orkanboe

Curry-Krabben

2 große Zwiebeln
50 g Butter
1 EL Curry
20 g kandierter Ingwer
$^1/_2$ Tasse Fleischbrühe (Instant)
$^1/_2$ Tasse Kokosmilch aus der Dose (man kann auch eine frische Kokosnuß aufbohren)
$^1/_2$ Salatgurke
500 g Krabbenfleisch (frisch oder aus der Dose)
Saft einer halben Zitrone
1 EL Sojasauce
1 TL Speisestärke
1 Prise Cayennepfeffer
Langkornreis

Zwiebeln würfeln und in der Butter goldgelb braten. Curry darüberstreuen. Gewürfelten Ingwer hinzugeben, Fleischbrühe und Kokosmilch hinzugießen und 5 Min. köcheln lassen. Salatgurke würfeln und mit den gut abgetropften Krabben hinzugeben. Mit Zitronensaft und Sojasauce würzen. Speisestärke mit wenig kaltem Wasser anrühren und in die Sauce geben. Kurz aufkochen. Mit Cayennepfeffer und Curry abschmecken.

Dazu:
körnig gekochter Reis.

Friedrichskoog ist der größte Kutterhafen an der schleswig-holsteinischen Nordseeküste.

Friesische Sandbank

Krabben-Auflauf

200 g Tiefseekrabben (Tiefkühl)
$1^1/_2$ kg frischer Spargel
250 g reife Tomaten
Saft einer halben Zitrone
Pfeffer

Sauce:
40 g Butter
30 g Mehl
$^1/_8$ l Spargelwasser
$^1/_8$ l flüssige Schlagsahne
Pfeffer, Salz
Muskat
50 g geriebener Gouda
10 g Butter
etwas Kresse

Den Spargel dünn schälen und in Salzwasser 10–12 Min. kochen und danach abtropfen lassen. $^1/_8$ l Spargelwasser für die Sauce aufheben. Tomaten über Kreuz einritzen, Stielansatz herausschneiden und mit kochendem Wasser überbrühen. Die Haut abziehen, Fleisch vierteln und entkernen. Die Tiefseekrabben mit dem Zitronensaft beträufeln und pfeffern. Butter erhitzen und das Mehl hinzugeben. Anschwitzen. Schußweise Spargelwasser und flüssige Sahne hinzufügen und unter Rühren aufkochen. Mit Salz, Pfeffer und Muskat würzen und den geriebenen Käse hinzufügen. Den gekochten Spargel, die Tomaten und die Krabben in eine feuerfeste Form schichten. Sauce gleichmäßig darüber verteilen und im vorgeheizten Backofen bei 200 Grad 15 Min. goldgelb backen.

Dazu:
Baguette

Böhler Strandburgen

Mit Nordseekrabben gefüllte
Champignons überbacken

$1^1/_2$ Tassen Nordseekrabbenfleisch
3 EL gewürfelte Karotten aus der Dose
4 EL gehackte Schalotten
30 g Butter
Sauce:
20 g Butter
20 g Mehl
$^1/_4$ l Milch
Salz, Pfeffer
Zitronensaft
24 große frische Champignons am besten vom Wochenmarkt

In zerlassener heißer Butter die gehackten Schalotten goldgelb anbraten. Karotten und das Krabbenfleisch hinzugeben und kurz anbraten.

Sauce:

Butter im Topf erhitzen und Mehl hinzufügen. Glattrühren. Milch langsam unter ständigem Rühren dazugießen. Einige Minuten leicht köcheln lassen. Mit Salz, Pfeffer und Zitronensaft abschmecken.

Champignons waschen und abtrocknen und die Stiele vorsichtig abdrehen. Champignonköpfe mit der Öffnung nach oben in eine gefettete feuerfeste Form legen. Die Stiele kann man anschließend gut für eine Suppe verwenden. Die Sauce in die Pilze füllen und darauf die Krabbenmischung verteilen. Im vorgeheizten Backofen bei 180 Grad 10–15 Min. überbacken.

Leuchtturmwärters Erholung

Krabben und Garnelen mit Nudeln

1 Dose Krabben (140 g)
6 Riesengarnelen
1 Zwiebel
4 EL Öl
30 g Mehl
3/8 l Feischfond
1/8 l Sahne
Pfeffer
1 EL Zitronensaft
zerriebener Salbei
Estragon
1 EL gehackte Petersilie
1 1/2 l Wasser
Salz
250 g Makkaroni

Salzwasser zum Kochen bringen und die Makkaroni in das kochende Wasser geben, möglichst in ganzer Länge. 10–12 Min. kochen lassen ohne Deckel. Die Krabben auf einem Sieb abtropfen lassen. Die Garnelen nach dem Auftauen aus der Schale nehmen und vom Darm befreien, sofern sie schon gekocht sind. Ansonsten erst garen. Die Zwiebel fein hacken und in dem erhitzten Öl 3 Min. anrösten. Dann das Mehl darüberstäuben und unter Rühren durchschwitzen lassen. Mit dem Fleischfond aufgießen und 5 Min. köcheln lassen. Die Sahne einrühren und dann die Krabben und Garnelen zugeben. Alles mit etwas Salz, Pfeffer, dem Zitronensaft, Salbei und Estragon würzen. Die Makkaroni auf ein Sieb schütten und unter kaltem Wasser abschrecken. Abtropfen lassen und auch in den Topf geben. Das Ganze unter vorsichtigem Umrühren 5 Min. durchziehen lassen. In einer großen Schüssel anrichten und mit Petersilie bestreuen.

Käptn's Krabben-Eintopf

250 g Tiefseekrabben (Tiefkühl)
250 g Nordseekrabben aus der Dose
1 Bleichsellerie
2 mittelgroße Zwiebeln
40 g Butter
300 g Kartoffeln
1/2 l Wasser
3/4 l Milch
Salz, Pfeffer
100 g geriebener Gouda
3 EL gehackte Petersilie

Der markante Leuchtturm Pilsum, ein Eisenturm, war von 1890 bis 1919 in Betrieb und

Tiefsee- und Nordseekrabben zum Auftauen auf ein Sieb geben. Bleichsellerie putzen, die Stangen trennen und die Blätter abschneiden. Stangen waschen, trocknen und in Stücke schneiden. Sind die Stangen zu dick, halbieren. Zwiebeln würfeln. Butter im Topf erhitzen und Sellerie und Zwiebelwürfel darin andünsten. Kartoffeln schälen, waschen und in Würfel schneiden. Mit dem Wasser aufsetzen und kochen, die Kartoffeln dürfen nicht zu weich werden. Gemüse 15 Min. garen. Topf vom Herd nehmen. Milch hinzugießen. Anschließend Tiefsee- und Nordseekrabben hinein. Salzen, pfeffern. Käse in die Suppe streuen und unterrühren. Alles nochmal vorsichtig erhitzen, aber nicht kochen lassen. Ist der Käse schön geschmolzen und zieht sich, kann der Eintopf mit Petersilie bestreut werden.

gehörte mit seinen elf Metern Höhe zur Unterems-Befeuerung.

Kuttel Daddeldus Kuttelmuttel

Asiatischer Krabbentopf

280 g Nordseekrabbenfleisch frisch oder aus der Dose
100 g gekochter Schinken
500 g Porree
100 g Erdnußkerne
4 EL Öl
2 EL Rosinen
$^{1}/_{4}$ l Wasser
3–4 EL Sojasauce
Salz, Pfeffer
Reis

Rosinen mit kochendem Wasser übergießen und aufquellen lassen. Porree putzen und ausgiebig waschen. In Ringe schneiden. Gut abtropfen lassen. Porree im heißen Öl anbraten und mit heißem Wasser angießen. Schinken in feine Streifen schneiden und mit den Erdnußkernen zum Porree geben. Rosinen abtropfen lassen, dann auch hinzugeben. Noch etwas Wasser hinzugeben. 20 Min. durchschmoren lassen. Mit Sojasauce, Salz und Pfeffer abschmecken. Zum Schluß das Krabbenfleisch dazugeben und heiß werden lassen. Nicht mehr kochen.

Beilage:
körnig gekochter Reis.

Wolken, Wind und Wogen

Krabben-Käse-Soufflé
(4 Personen)

2 EL geriebener Parmesankäse
4 EL Butter
3 EL Mehl
600 ml heiße Milch
Salz,
weißer Pfeffer
je 1 Prise gemahlene Muskatnuß
und Cayennepfeffer
4 Eier
1 Eiweiß
75 g geriebener Emmentaler
100 g Nordseekrabbenfleisch

Die sechs goldenen Regeln:

1.
Backpapier um eine Soufflé-Form ($1\frac{1}{2}$ l) legen, so daß die doppelte Höhe entsteht und mit einem Baumwoll- oder Paketband festbinden. Die Form mit Butter einfetten und mit Parmesan bestreuen, auch den Rand.

2.
Butter in einer Kasserolle erhitzen, Mehl hinzufügen und unter Rühren 2 Min. anschwitzen. Topf vom Herd nehmen und die heiße Milch Schuß für Schuß einrühren. Dann kräftig schlagen, bis eine glatte Creme entsteht. Gewürze hinzugeben.

3.
Kasserolle wieder auf den Herd stellen und 1 Min. köcheln. Vom Herd nehmen und beiseite stellen. Eier trennen. Eigelb glattrühren und nach und nach in die heiße Creme rühren. Danach den geriebenen Käse und die Krabben unterrühren.

4.

Eiweiß mit einem elektrischen Schneebesen solange schlagen, bis ein Messerschnitt im Eischnee sichtbar bleibt. Zwei Löffel Eischnee in die Soufflé-Form füllen.

5.

Nun kommt das Entscheidende: Das restliche Eiweiß muß ganz vorsichtig mit einem Holzlöffel unter das Soufflé gehoben werden. Auf keinen Fall rühren, sonst zerfällt der Eischnee. Die Masse in die Soufflé-Form füllen.

6.

Wichtig ist, den Backofen auf 250 Grad vorzuheizen. Wenn das Soufflé auf die mittlere Schiene in den Backofen kommt, Hitze auf 225 Grad reduzieren. 25–30 Min. backen. Die Backofentür auf keinen Fall öffnen. Ein Soufflé verträgt keine Zugluft. Papier abnehmen. Soufflé sofort servieren.

Bami-Goreng mit Krabben

1000 g Putenbrust
2 TL (gehäufte) Sambal Olek
4 TL Speisestärke
viel Sojasauce
1/2 Stange Porree (unteres Stück)
1/2 große oder 2 kleine Zwiebel(n)
4 Knoblauchzehen
chinesische Ohrenpilze oder chinesische Stockschwämmchen
1/2 Dose Bambusspitzen
1/2 Glas Sojakeimlinge
1/2 Dose Wasserkastanien
1 rote Paprikaschote
1 grüne Paprikaschote
1/4 Pfund gekochter Schinken
200 g Krabbenfleisch
2 Päckchen chinesische Nudeln

Vorbereitung:

Fleisch würfeln und in eine Schüssel geben. Sojasauce dazugießen und mischen. Wenn die Sojasauce aufgesogen ist, nochmals wieder dazugießen. Sambal Olek und die Speisestärke dazu und alles eine Zeit ziehen lassen.

Porree in Streifen und Würfel schneiden. Zwiebeln würfeln. Knoblauchzehen ganz fein schneiden. Chinesische Ohrenpilze heiß überbrühen und nachher in Streifen schneiden. Chinesische Stockschwämmchen auf einem Sieb abwaschen. Bambusspitzen in feine Scheiben schneiden. Zwiebeln und Knoblauch in sehr heißem Öl anbraten, nicht gelb werden lassen. Danach den Porree dazu. Dann die in Stücke geschnittenen Paprikaschoten. Zwischendurch immer eine Bißprobe machen, alles muß schön knackig bleiben. Danach Kastanien, Bambus und Pilze hinzugeben. Wenn erforderlich, noch einen Schuß Öl in die Pfanne. Ganz zum Schluß Sojakeime vorsichtig darunterheben. Das Ganze mit Sojasauce abschmecken. Nudeln in kochendes Salzwasser geben und bißfest kochen. Wenn die Nudeln gar sind, abgießen und unter die Gemüsemischung heben. Fleisch in Öl braten, danach zu den Nudeln und dem Gemüse geben. Ganz zum Schluß das Krabbenfleisch unterheben. Im restlichen Bratfond den in Streifen geschnittenen Schinken kurz schwenken und über das Bami-Goreng geben. Nasi-Goreng wird genauso zubereitet, nur statt Nudeln nimmt man Reis.

Nach der Fangfahrt werden die Netze überprüft und – wenn nötig – geflickt.

Eiderstedter Krabben-Kohl

1 schöner fester Blumenkohl
40 g Butter
Mehl
flüssige Schlagsahne
1 Prise Muskat
150 g Krabbenfleisch
Salz
weißer Pfeffer

Blumenkohl in Salzwasser mit dem Strunk nach unten gar kochen. Danach auf einem Sieb abtropfen lassen. Unter Verwendung des Kochwassers eine Schwitze bereiten und mit Sahne und Muskat, Salz und Pfeffer abschmecken. 150 g Krabbenfleisch einstreuen und über den Blumenkohl geben.

Dazu:
Reis.

Windstärke 10

Krabben in Tomatensauce
(für 4 Personen)

1500 g Tiefseekrabben (Tiefkühl)
500 g geschälte Tomaten (Dose)
1/8 l trockener Weißwein
3 Knoblauchzehen
5 Sardellenfilets
1 Bund Petersilie
6 EL Olivenöl
1/2 kleine rote Pfefferschote
Salz
gemahlener schwarzer Pfeffer

Knoblauchzehen fein hacken. Sardellenfilets fein wiegen. Petersilie hacken. Tomaten auf ein Sieb. Tomatensaft auffangen. Die Tomaten zerdrücken. Das Olivenöl in einer Pfanne erhitzen und den Knoblauch, die Sardellenfilets und die Petersilie darin anrösten. Gelegentlich umrühren. Weißwein hinzugießen und verköcheln lassen. Die zerdrückten Tomaten, die Hälfte des Tomatensaftes, Salz und die kleingeschnittene Pfefferschote zugeben. Alles gut umrühren und eine halbe Stunde einkochen lassen. Die aufgetauten Krabben in die Sauce geben und zugedeckt bei kleiner Hitze garziehen lassen. Alles mit Salz und Pfeffer abschmecken. In kleinen Portionen servieren und dazu frisches aufgebackenes Baguette reichen.

Seemannsträume

Krabben-Pastetchen mit Estragon-Sauce
(für 2 Personen)

200 g Krabbenfleisch
4 Blätterteigpastetchen
(aus der Bäckerei)
4 EL Öl
1 Zwiebel
2 Schalotten
1 Knoblauchzehe
1/4 l trockener Weißwein
3 EL Fisch-Fond
4 EL Cognac
2 mittelgroße Tomaten
2–3 Estragon-Stengel
1 Msp. Cayennepfeffer
100 g Butter
1 Prise gehackter Estragon und Kerbel
fein geschnittene Petersilie

Zwiebel fein schneiden und in dem Öl weich dünsten, nicht bräunen. Kurz vor dem Garwerden die fein gehackten

Schalotten und die zerdrückte Knoblauchzehe zufügen und gar dünsten. Danach überschüssiges Öl abgießen. Weißwein, Fisch-Fond und 2 EL Cognac zu den Zwiebeln gießen und damit den Bratsatz lösen. Die Tomaten kreuzweise einritzen und mit kochendem Wasser überbrühen. Stielansätze entfernen und Häute abziehen. Tomaten entkernen und fein hacken und mit den Estragon-Stengeln und dem Cayennepfeffer in die Pfanne geben. Alles gut vermischen. Estragon-Stengel wieder herausnehmen und die Flüssigkeit um die Hälfte einkochen lassen. Sauce kräftig durchschlagen mit dem Schneebesen. Mit Estragon und Kerbel würzen und abschmecken. Zum Schluß Pfanne vom Herd nehmen, weitere Butter hinzufügen und mit dem restlichen Cognac aromatisieren. Kleine, heiße Blätterteigpastetchen (im Ofen kurz aufbacken) mit den angewärmten Krabben füllen und die Sauce darübergießen. Mit feingehackter Petersilie bestreuen.

Westerhever Krabben-Kroketten

1 Pk. Kartoffel-Kroketten-Pulver
$^1/_2$ l kaltes Wasser
Öl zum Ausbacken
etwas Muskat
6 Eier
150 g Nordseekrabben
verschiedene frische Kräuter
Kopfsalat

Nordseekrabben grob hacken oder durch den Fleischwolf drehen. Kroketten-Pulver mit dem Schneebesen in $^1/_2$ l Wasser einrühren, Krabbenmasse hinzu und etwas Muskat darüberstreuen. 10 Min. quellen lassen. Teig durchkneten und in daumendicke Rollen formen. In 4–5 cm lange Stücke schneiden. Krabben-Kroketten in reichlich heißem Öl goldbraun backen.

Dazu:
Rührei mit frischen Kräutern und einen ganz schlichten Kopfsalat

Blinde Passagiere

Verlorene Eier in Krabbensauce

1 Zwiebel
Öl
1 TL Curry
1 Dose Champignonsuppe
Zitronensaft
6 Eier
140 g Krabbenfleisch
1 l Wasser
2 EL Weinessig
1 TL Salz

Das Essig-Salz-Wasser in einem flachen Kochtopf zum Kochen bringen. Ein Ei in eine Suppenkelle schlagen und nun ein Ei nach dem anderen in das Wasser gleiten lassen. Die Hitze reduzieren, damit das Wasser nicht mehr kocht. Die Eier 4 Min. ziehen lassen. Danach vorsichtig mit dem Schaumlöffel herausnehmen. Wenn sie nicht sofort serviert werden, in warmes Wasser legen. Eine gehackte Zwiebel in Öl glasig dünsten, 1 TL Curry hinzufügen, mit 1 Dose Champignonsuppe löschen. Nach dem Aufkochen mit Zitronensaft abschmecken. Verlorene Eier und 140 Gramm Krabbenfleisch hinzugeben.

Dazu:
körnig gekochter Reis.

KRABBEN
TÖN 6

Kutterregatten sind große Volksfeste. Vor dem Hafen tragen die festlich geschmückten Fischerboote das Wettrennen aus, als Trophäe lockt das „Blaue Band" oder ähnliche Ehrenpreise. An solchen Tagen werden gerne Besucher an Bord genommen, Begleitboote werden eingesetzt, von denen aus die Regatta zu beobachten ist. Und an Land steigt inzwischen das Volksfest mit maritimer Musik sowie kulinarischen Leckerbissen, wozu natürlich auch Krabben gehören. Die hübsch geschmückten und mit Wimpeln verzierten Kutter sind eine Augenweide, sie lohnen vor und nach der Regatta eine Besichtigung. Der Wettfahrt-Spaß hat an der Nordseeküste eine bis zu 100jährige Tradition und bringt Abwechslung in die harte und einsame Arbeit der Fischer.

Sturmwarnung

Chilikrabben

300 g weiße Bohnen aus der Dose
1 große Gemüsezwiebel
300 g Tiefseekrabben (Tiefkühl)
1 EL Öl
4 reife Tomaten
$^{1}/_{2}$ TL Knoblauchsalz
$^{1}/_{2}$ TL Chilipulver
1 TL Oregano
$^{1}/_{4}$ TL gemahlener Kümmel
Dill
Reis

Zwiebel würfeln und in heißem Öl goldgelb anbraten. Tomaten einritzen, mit kochendem Wasser überbrühen. Stengelansätze herausschneiden und Häute abziehen. Entkernen und würfeln. Bohnen gut abtropfen lassen. Aufgetaute Krabben, Bohnen, Tomaten und Gewürze zu den Zwiebeln geben. Gut verrühren. 15 Min. leicht köcheln lassen, bis die Krabben weich sind. Das Gericht darf nicht mehr kochen, sonst werden die Krabben hart. Gehackten Dill darüber streuen.

Dazu:
körnig gekochter Reis.

Flintenpedders Traum

Krabben in Portwein
(für 2 Personen)

80 g Butter
$^{1}/_{10}$ l Portwein
$^{1}/_{5}$ l Sahne
Salz
1 Eigelb
1 Messerspitze Cayennepfeffer
200 g Nordseekrabbenfleisch
oder Tiefseekrabben

Krabben in 50 g Butter langsam erhitzen. Mit Portwein angießen und etwas einkochen lassen. Sahne hinzufügen und mit einer Prise Salz würzen. 5 Min. köcheln lassen. Die Krabben aus dem Topf nehmen und warm stellen. Die Sauce vom Herd nehmen und mit dem Eigelb legieren. Restliche 30 g Butter drunterziehen und mit Cayennepfeffer abschmecken. Sauce über die angerichteten Krabben gießen und sofort servieren.

Dazu:
körniger Reis

Krabben auf Smutje's Scholle

(für vier Personen)

4 Schollen
(gleich vom Fischhändler bratfertig machen lassen)
Salz
Zitronensaft
2 EL Mehl
2 Eier
Fett zum Braten
100 g Nordseekrabbenfleisch

Die Schollen abwaschen und abtrocknen. Gut salzen und mit Zitronensaft beträufeln. In Mehl und verschlagenem Ei wenden und in heißem Fett von beiden Seiten goldgelb braten. Das Krabbenfleisch auf die gebratenen Schollen geben und das Ganze mit dem Bratfett übergießen.

Dazu:
Petersilienkartoffeln mit grünem Salat.

1975er

Seemannsgarn

Krabben Mexiko

100 g Krabben (tiefgekühlt oder aus der Dose)
100 g tiefgekühlte Erbsen
100 g Maiskörner aus der Dose
50 g rote Bohnen aus der Dose
40 g Butter
1 Zwiebel
2 Knoblauchzehen
grobgemahlener Pfeffer
wenig Curry
Salz
~ungeschälter Reis

Zwiebeln und Knoblauchzehen hacken und in der erhitzten Butter in einer Pfanne goldgelb braten. Die aufgetauten Erbsen, Mais und Bohnen und zum Schluß die Krabben hinzugeben. Unter Rühren bei mittlerer Hitze 5–8 Min. schmurgeln lassen. Mit Salz, Pfeffer und wenig Curry würzen.

Dazu:
ungeschälter Reis

Friedrichskooger Krabbenragout

(für 4 Personen)

70 g Butter
50 g Mehl
3–4 TL Fleischextrakt
6 EL Weinessig
3 EL Zucker
$^{1}/_{2}$ TL Salz
$^{1}/_{4}$ TL weißer Pfeffer
6 EL flüssige Schlagsahne
500 g frisches Nordseekrabbenfleisch
$^{1}/_{2}$ l Brühe (Instant)

50 Gramm Butter im Topf zerlassen. Mehl hinzu und unter ständigem Rühren bräunen. Schußweise $^{1}/_{2}$ l Brühe hinzufügen und ständig rühren, bis die Sauce kocht. Den Fleischextrakt, Weinessig und Zucker hineingeben. Mit Salz und Pfeffer würzen und 15 Min. leicht köcheln lassen. Danach die flüssige Sahne und das Krabbenfleisch unterheben und erwärmen. Nicht mehr kochen lassen, denn sonst könnten die Krabben hart werden. Die restlichen 20 Gramm Butter in der Pfanne bräunen und kurz vorm Servieren in das Ragout rühren.

Dazu:
Reis und ein schlichter grüner Salat.

Tip:
Wenn man kein Fleischextrakt hat, kann man den Geschmack sehr gut mit 1–2 Bratensaucenwürfeln intensivieren.

Flaschenpost

Zucchini, gefüllt mit Krabben und Wildreis

4 mittlere Zucchini
50 g Wildreis
150 g Langkornreis
1 EL Butter
200 g Nordseekrabbenfleisch oder Tiefseekrabben
Pfeffer, Salz

Für die Sauce:

1 Granny-Smith-Apfel
Salz, Pfeffer
Zucker
2 EL Butter
1 EL Curry
$^{1}/_{4}$ l flüssige Schlagsahne

Den Apfel schälen und in feine Stücke schneiden. Butter im Topf erhitzen und den Apfel darin 2 Min. anbraten. Curry hinzufügen und gut verrühren. Schlagsahne hinzugießen und die Flüssigkeit 2–3 Min. einkochen lassen. Mit Salz und Pfeffer und Zucker abschmecken. Wildreis und Langkornreis jeweils getrennt 15 Min. in Salzwasser kochen und danach abgießen und gut abtropfen lassen. Zucchini längs halbieren und in eine gefettete flache Auflaufform legen. Krabben (auf einem Sieb abgetropft), Reis und Sauce vermischen und mit Salz und Pfeffer abschmecken. Das Ganze auf die Zucchini verteilen. Im vorgeheizten Backofen bei 200 Grad 30 Min. backen.

Krabbenfischer-Frühstück

(für vier Personen)

1 kg Kartoffeln
125 g durchwachsenen Räucherspeck
1 große Zwiebel
Salz, Pfeffer, Selleriesalz
8 Eier
1–2 EL Milch oder Sahne
1 Bund Schnittlauch
etwas Fett zum Braten
200 g Nordseekrabbenfleisch
2 Gewürzgurken
Petersilie

Kartoffeln mit Schale nicht ganz gar kochen und pellen. Speck und Zwiebel in Würfel schneiden und in einer großen Bratpfanne auslassen. Kartoffeln zu dem Speck und Zwiebeln schneiden und von allen Seiten schön knusprig braten. Schwach salzen, der Speck ist meistens recht salzig. Die Eier mit einer Prise Salz, Pfeffer und Selleriesalz, einem EL Milch oder Sahne und kleingeschnittenem Schnittlauch verquirlen. Die Eiermischung in die Pfanne zu den Kartoffeln gießen und stocken lassen, dabei drehen und wenden, bis die Eier gar sind. Evtl. noch etwas Fett hinzugeben. Zum Schluß alles mit 200 g Krabben, gehackter Petersilie und zwei fein gewiegten Gewürzgurken bestreuen. Die Pfanne wird am besten so, wie sie ist, auf den Tisch gestellt.

Krabbenfrikassee Nordfriesland

150 g Nordsee- oder Grönlandkrabben
1 Zwiebel
1 Dose Spargel
Mehl
1 Ei
Zitronensaft
40 g Butter
Salz
weißer Pfeffer

Aus der Butter, Mehl, gewürfelter Zwiebel und dem Spargelwasser eine helle Mehlschwitze bereiten. Nach dem Aufkochen vom Herd nehmen und mit dem Ei legieren. Mit dem Zitronensaft, mit Salz und Pfeffer abschmecken. Sauce über 150 g Krabbenfleisch und abgetropften Spargel geben. Kurz gratinieren (mit geriebener Semmel oder Parmesankäse bestreuen und in einer feuerfesten Gratinschüssel überbacken).

Dazu:
Butterreis.

Schlickrutscher

Blätterteig-Curry-Taschen mit Nordseekrabben gefüllt

2–3 EL Öl
1–2 große gehackte Zwiebeln
3–4 große Kartoffeln, in kleine Würfel schneiden
200 g Tiefkühl-Erbsen
1–2 TL Chilisauce
1–2 EL Curry oder Gewürzpulver
Salz und Pfeffer nach Geschmack
300 g Krabbenfleisch
500 g Blätterteig (Tiefkühl)
1 Ei

Die Zutaten in obenstehender Reihenfolge braten und gut mischen, dann zudecken, bis die Kartoffeln gar sind. Abkühlen lassen. Blätterteig in 8 Stücke schneiden und in dünne Scheiben ausrollen. 2–3 EL Füllung in die Mitte der Teigscheiben legen und diese halb falten. Die Ränder des Teigs zusammenkleben mit Eiklar. Die Oberfläche einpinseln mit Eigelb. Im vorgeheizten Backofen auf mittlerer Schiene bei 225 Grad backen, bis sie goldbraun sind. Heiß oder kalt servieren.

Tip:
Eignen sich auch sehr gut ungebacken zum Einfrieren.

Register

ISBN 3-8042-0755-3

2. Auflage 1997

Gestaltung: Günter Pump
Herstellung: Westholsteinische Verlagsdruckerei Boyens GmbH & Co. KG, Heide